Das Ultimative *Panda* Buch für Kinder

100+ Panda Fakten, Fotos, Quiz und Mehr

Jenny Kellett
Übersetzung Philipp Goldmann

Copyright © 2022 by Jenny Kellett
Das Ultimative Panda Buch fûr Kinder

www.bellanovabooks.com

All rights reserved. No part of this book may be reproduced in any form by any electronic or mechanical means including photocopying, recording, or information storage and retrieval without permission in writing from the author.

ISBN: 978-619-7695-20-5
BELLANOVA BOOKS

Inhalt

Panda Fakten 6
Panda Quiz 64
Quiz Antworten 69
Wort Suche Puzzle 70
Quellen 72

Einleitung

Sie sind groß, flauschig und lächerlich süß. Das sind nur einige Gründe, warum Pandas einen Platz in unserem Herzen verdient haben. Pandas sind eines der am meisten gefährdeten Tiere der Welt! Es ist wichtiger denn je mehr über Pandas, ihre Lebensräume und die Dinge, die sie in Gefahr bringen, zu verstehen.

In diesem lustigen Buch mit Panda-Fakten erfährst du mehr über den Großen Panda und seinen nicht verwandten Freund, den Roten Panda. Teste dein Wissen in unserem Panda-Quiz am Ende!

Lass uns beginnen...

Ein Riesenpanda genießt etwas Bambus.
Credit: Jay Wennington

Panda Fakten

Wenn wir über Pandas sprechen, beziehen wir uns im Allgemeinen auf den Großen Panda (auch Riesenpanda oder Pandabär genannt). Es gibt aber auch Rote Pandas (Kleiner Panda oder Katzenbären genannt), über die wir später sprechen werden!

...

Ein erwachsener Panda wiegt 75- 160kg und kann bis zu 1,5 Meter groß werden.

...

Pandas können sehr gut auf Bäume klettern. Sie fangen damit an, wenn sie gerade einmal sieben Monate alt sind.

Neugeborene Pandawelpen in der Panda-Zuchtstation in Chengdu, China.

Credit: Pascal Müller

Pandas haben sechs Finger! Der zusätzliche Daumen hilft ihnen, dabei Bambus in eine leichter zu fressende Form zu bringen.

...

Wenn Pandas geboren werden sehen sie ganz anders aus! Sie haben rosa Haut, kein Fell und sind völlig blind. Ihre berühmten schwarz-weißen Farben entstehen erst drei Wochen später.

...

Die Faulheit der Pandas ist ein Grund dafür, dass sie so selten sind - Sie geben der Paarung keine Priorität. Außerdem gibt es nur ein bis drei Tage im Jahr, an denen ein Weibchen auf natürliche Weise schwanger werden kann!

Ein hungriger Panda in der Wildnis.

Ein Qinling "Brauner" Panda, der einzige in Gefangenschaft auf der Welt.
Kredit: AilieHM

Nicht alle Pandas sind schwarz und weiß! Es gibt auch braune und weiße Pandas, die aber sehr selten sind.

• • •

Der älteste lebende Panda in Gefangenschaft wurde 38 Jahre alt.

Bambus enthält nicht viele Kalorien und Nährstoffe. Deshalb müssen Pandas so viel davon essen.

• • •

Pandas sind großartige und selbstbewusste Schwimmer.

• • •

Pandas kann man nur in der Wildnis Chinas finden. Die meisten Pandas sind im Südwesten Chinas.

• • •

Es gibt einen Grund, warum Pandas auf Fotos so oft Bambus halten. Pandas verbringen bis zu 14 Stunden am Tag damit, ihr Lieblingsessen zu essen! In dieser Zeit essen Pandas zwischen 12-38 kg Bambus.

Ein Großer Pandajunge entspannt in einem Baum in dem Chengdu Zucht Forschungszentrum für Große Pandas . *Credit: Theodor Lundqvist*

Pandas sind technisch gesehen Allesfresser (d.h. sie fressen Fleisch und Pflanzen). Allerdings besteht ihre Nahrung zu 99 % aus Bambus. Nur gelegentlich fressen sie kleine Fische und Tiere.

• • •

Der wissenschaftliche Name des Pandas ist Ailuropoda melanoleuca. Übersetzt bedeutet das schwarz-weißer Katzenfuß.

• • •

In der Vergangenheit wurden Pandas von Raubtieren, wie den Säbelzahntiger, gejagt. Damals mussten sie sich verteidigen können.

• • •

Wenn sie geboren werden, sind Baby-Pandas nur 15 cm lang.

Wissenschaftler wissen noch nicht, wie Alt Pandas in der Wildnis werden. In Gefangenschaft erreichen ein Alter von etwa 30 Jahren.

...

Pandas besitzen die Zähne und den Verdauungsapparat, um Fleischfresser zu sein. Jedoch haben moderne Pandas nicht mehr die Energie, um Beute zu jagen.

...

Pandas sind faule Kreaturen. Sie fressen und schlafen die meiste Zeit des Tages. Wenn du einen Panda in der Wildnis oder im Zoo sehen möchtest, musst du früh aufstehen, dann sind sie am aktivsten.

Pandas sind größtenteils Einzelgänger und verbringen die meiste Zeit ihres Lebens recht gerne allein.

...

Pandaweibchen bringen alle zwei Jahre, ein oder zwei, Junge zur Welt. Zwei Jungtiere sind am häufigsten. In der Wildnis überlebt jedoch meist nur das stärkere Jungtier.

...

In einem erfolgreichen Experiment von Forschern in Chengdu wurden Panda-Welpen ausgetauscht, sodass Mütter zwei Welpen großziehen musster. Dieses Projekt trägt dazu bei, die Anzahl von Pandas in der Wildnis zu erhöhen.

Die Panda-Welpen bleiben 18 Monate bei ihren Müttern, bevor sie auf eigene Faust losziehen.

• • •

Im Gegensatz zu anderen Bärenarten halten Pandas keinen Winterschlaf. Stattdessen ziehen sie die Berge hinunter, um wärmere Gegenden zu finden.

• • •

Pandas können kein Fett speichern, was einer der Gründe ist, warum sie keinen Winterschlaf halten können.

• • •

Bei all dem Bambus, den Pandas fressen, produzieren sie eine Menge Mist! Ein Panda kann bis zu 28 kg Mist pro Tag ausscheiden.

Ein erwachsener Großer Panda. Credit: Chen Wu

Sie machen nicht nur eine große Menge an Mist, sie machen den Mist auch sehr regelmäßig! Normalerweise gehen sie etwa 40 Mal am Tag auf Toilette.

. . .

Früher wurde unzerkauter Bambus, der in Pandakot gefunden wurde, gesammelt und zu Souveniren wie Bilderrahmen verarbeitet.

. . .

Selbst wenn ein Panda in Gefangenschaft im Ausland geboren wird, bleibt er Eigentum der chinesischen Regierung und muss zurückgegeben werden.

. . .

Zoos müssen etwa 1 Million Euro zahlen, um einen Panda zehn Jahre lang von China zu 'borgen'.

Ein schlafender Pander im Berliner Zoo.

Credit: Chris Curry

Pandas sind eine bedrohte Spezies. Leider gibt es in der Wildnis nur noch etwa 1.000 Tiere. Einige Wissenschaftler glauben jedoch, dass die Populationen des wilden Pandas zunehmen werden.

...

Pandas waren seit 1990 auf der Liste der bedrohten Spezies. 2016 wurden sie jedoch hauptsächlich dank erfolgreicher Zuchtprogramme in China und im Ausland auf die Liste der 'gefährdeten' Arten verschoben.

...

Traurigerweise wird dem Panda immer mehr Lebensraum genommen, da Chinas Bevölkerung schnell wächst. Daher ist es für sie schwieriger, in der Wildnis zu überleben.

Ein Panda, der Bambus frisst. Im Zoo in Memphis.
Credit: Joshua J. Cotten

Die meisten Pandabärenjungen werden im August geboren.

• • •

Archäologen haben in Fossilien Beweise dafür gefunden, dass Pandas vor 1 bis 2 Millionen Jahren gelebt haben.

• • •

In der Vergangenheit konnte man Pandas in fast ganz China finden. Jetzt gibt es nur noch kleine Gemeinschaften in abgelegenen Gebieten rund um die tibetischen Vorgebirge.

• • •

Pandas gehen mit "nach innen gedrehten" Zehen. Diese Eigenschaft wird 'Taubenzehen' genannt.

Ein fröhlicher Panda mit einer Menge Bambus.

Credit: Qinghong Shen

DAS ULTIMATIVE PANDA BUCH FÜR KINDER

Pandas in der Panda-Basis in Chengdu, China. *Credit: Sonorama*

Pandas lieben es, Metall zu lecken! Die meisten Menschen hingegen zucken schon bei dem Gedanken daran zusammen.

...

Zoowärter haben herausgefunden, dass Pandas gerne Kupfer- und Eisenschüssel lecken. David Taylor, ein Experte für Pandas, schrieb: "Ihr Ruf als Lecker und Esser von Kupfer und Eisen entstand aus der Vorliebe für Gerichte oder Kochtöpfe in den Behausungen chinesischer Bauern".

...

Das berühmte Panda-Logo des WWF (World Wide Fund for Nature) wurde nach Chi Chi, einem Riesenpanda, entworfen. Er lebte von 1958-1972 im Londoner Zoo.

Der erste Panda, der jemals in Gefangenschaft geboren wurde, wurde 1963 im Pekinger Zoo zur Welt gebracht.

...

Pandas, die in Gefangenschaft gehalten werden, fressen gerne Früchte, wie zum Beispiel Äpfel. Im Sommer füttern Zoowärter in China die Pandas mit gefrorenen Äpfeln, um sie zu kühlen.

...

Genau wie Katzen gerne ihr Territorium markieren, indem sie an Gegenstände pinkeln, machen das Pandas genauso. Männliche Pandas machen sogar einen Handstand, während sie ihr Territorium markieren!

Wenn Pandabärenjungen geboren werden, ist der Kreis um ihre Augen rund. Wenn sie älter werden, gleichen diese Kreise eher der Form einer Träne.

•••

Der rote Panda und der Riesenpanda haben sehr ähnliche Namen. Der rote Panda gehört jedoch zur Familie der Waschbären, während der Panda zur Familie der Bären gehört.

•••

Obwohl der Rote Panda und der Große Panda völlig verschiedene Spezies sind, haben sie einige Gemeinsamkeiten. Sie sind beide in Asien beheimatet und können in den gleichen Lebensräumen gefunden werden.

Ein hungriger Panda. *Credit: Isolate Create*

Riesenpandas und Rote Pandas beide einen verlängerten Handgelenksknochen, der wie ein Daumen wirkt.

• • •

Rote Pandas hingegen verbringen die meiste Zeit in Bäumen. Normalerweise verlassen sie diese nur zur Paarung.

• • •

Obwohl Pandas aufrecht stehen können, fällt es ihnen schwer sich selbst zu halten.

• • •

Pandaknochen sind sehr dicht und wiegen meistens doppelt so viel wie Knochen anderer Tiere ihrer Größe.

Pandas, die zusammen fressen.

Photo: Chi King

Pandas haben ein sehr gutes räumliches Gedächtnis. Das bedeutet, dass sie sich gut an Orte erinnern können. Das ist wichtig, um den Weg zurück zu ihrem Lieblingsplatz im Bambuswald zu finden.

...

Ein weibliches Jungtier ist erwachsen, wenn es fünf Jahre alt ist. Männliche Jungtiere brauchen bis zu sieben Jahre, um das Erwachsenenalter zu erreichen.

...

Wenn ein Panda schwanger wird, fängt er an, ein Nest aus Bambus zu bauen, um sich auf die Geburt vorzubereiten.

Es gibt ungefähr 300 gefangene Pandas auf der ganzen Welt. Jeder Panda ist Teil eines Zuchtprogramms, das helfen soll, sie vor dem Aussterben zu bewahren.

...

Pandas haben plantigradige Füße. Das bedeutet, dass sie auf allen Teilen ihrer Fußsohle laufen - wie Menschen. Katzen und Hunde laufen mit ihrem Gewicht auf ihren Zehen.

...

Forscher haben herausgefunden, dass Pandas 11 verschiedene Rufe benutzen. Vier von ihnen werden nur bei der Suche nach einem Partner verwendet.

Ein Roter Panda entspannt in einem Baum.

Eine Pandamutter ist 800 Mal so groß wie ihr neugeborenes Junges!

• • •

Das Fell eines Baby-Pandas ist sehr weich und flauschig. Es wird rauer, je älter der Panda wird.

• • •

Männliche Pandas sind etwa 10 % größer als weibliche Pandas.

• • •

Wenn du versuchst, Bambus zu essen, wird das höchstwahrscheinlich sehr schmerzhaft für dich werden! Glücklicherweise haben Pandas eine spezielle Beschichtung in ihrer Kehle, um sich vor Splittern zu schützen.

Pandas haben 42 Zähne und sie wachsen in ihrem Leben einmal nach - wie beim Menschen.

...

Warum wird ein Panda eigentlich Panda genannt? Niemand weiß das genau... Viele glauben, dass es vom nepalesischen Wort Ponya abstammt, was sich auf seinen zusätzlichen Daumen oder den angepassten Handgelenksknochen bezieht.

...

In alten chinesischen Texten wurden den Pandas im Laufe der Jahre mehr als 20 verschiedene Namen gegeben. Der heute in China gebräuchlichste Name für einen Panda ist Dàxióngmāo und bedeutet 'Riesenbärenkatze'.

Ein neugieriger Pandajunge.

Credt: Sharon Ang

Präsident Richard Nixon war der erste US-Präsident, der China besuchte. Als Geschenk schickte ihm die chinesische Regierung zwei Pandas, die dann im Nationalzoo von Washington DC untergebracht wurden.

• • •

Nach der Paarung jagen die Weibchen die Männchen aus ihrem Revier.

• • •

Es gibt über 1000 verschiedene Bambusarten und Pandas haben einige Lieblingssorten. Regenschirm-, Pfeil- und goldener Bambus sind ihre erste Wahl.

• • •

Pandas müssen mindestens zwei Bambusarten essen, um gesund zu bleiben.

Das Gesicht eines Pandas mag pummelig aussehen, jedoch es ist unglaublich muskulös. Sie brauchen diese Muskeln, damit sie den zähen Bambus durchkauen können.

• • •

Es dauert nur 40 Sekunden, bis ein Panda einen Bambuszweig schält und frisst.

• • •

Die Pflege eines Pandas in einem Zoo kostet etwa fünfmal so viel wie die eines Elefanten.

• • •

Pandas haben aufgrund ihrer Größe nicht viele natürliche Feinde. Allerdings sind ihre Jungen oft von Schneeleoparden und anderen opportunistischen Jägern bedroht.

Ein schlafender Panda im San Diego Zoo, USA.

Unter seinem Fell hat der Panda schwarze Haut, wo sein Fell schwarz ist, und rosa Haut, wo sein Fell weiß ist.

...

Pandabärenjungen trinken im ersten Jahr ihres Lebens die Milch ihrer Mutter. Sie können aber schon nach sechs Monaten kleine Bambusstücke kauen.

...

Es ist illegal, einen Panda zu töten. In China beträgt die Strafe dafür 10-20 Jahre Gefängnis. In der Vergangenheit wurde dies sogar mit lebenslanger Haft oder sogar mit dem Tod bestraft.

...

Pandas haben keine Gesichtsausdrücke. Wenn sie sich Paaren wollen, starren sie sich mit gesenktem Kopf an.

Warum sind Pandas schwarz und weiß? Da das perfekt zur Tarnung geeignet ist! Ihre meist weißen Körper passen sich sehr gut in verschneite Umgebungen an, während die schwarzen Markierungen ihnen helfen, sich im Schatten zu verstecken. Aufgrund ihrer großen schwarzen Kreise um ihre Augen glaubt man, dass sie größer und einschüchternder aussehen.

...

Pandas haben riesige Schlitze als Pupillen, was ähnlich zu Katzen ist, was sie von anderen Bärenarten unterscheidet.

...

Rote Pandas überleben ungefähr 10-15 Jahre in der Wildnis.

Während des ersten Lebensmonats eines Jungtieres lässt es seine Mutter nie allein. Sie hält es in ihrer Nähe und bedeckt es mit ihrer Pfote oder ihrem Arm, um es zu schützen.

...

Es gibt zwei Unterspezies des Großen Pandas, eine davon ist der Qinling-Panda. Der Qinling-Panda hat ein hellbraunes und weißes Muster und kommt in den Qinling-Bergen auf einer Höhe von 1.300-3000 m vor.

...

Pandas haben, nach den Faultieren, die zweitlängsten Schwänze in der Bärenfamilie. Sie sind etwa 10-15 cm lang.

Pandas besitzen ein sehr dickes und wolliges Fell. Das hilft ihnen in den Bergen, während der Wintermonate, warm zu bleiben.

...

Wenn Pandas geboren werden, haben sie einen sterilen Darm, was bedeutet, dass sie ihre Nahrung nicht natürlich verdauen können. Um ihnen bei der Verdauung zu helfen, benutzen sie Bakterien aus dem Mist ihrer Mutter!

...

Bie Blätter des Bambusses besitzen am meisten Protein, welches die Pandas zum überleben brauchen. Die Stängel dagegen besitzen viel weniger.

Alle erwachsenen Pandas haben ihr eigenes Territorium.Vor allem die Weibchen lassen keinen anderen Panda in ihr Revier.

• • •

Pandas können sich ab einem Alter von ungefähr 4-8 Jahren fortpflanzen, bis sie etwa 20 Jahre alt werden.

• • •

Im August 2014 brachte ein Panda in China Drillinge zur Welt. Das ist sehr selten und bisher nur viermal vorgekommen.

• • •

In den 1970er Jahren war es für China üblich, Pandas an Länder wie die USA und Japan zu verschenken. Dies war als 'Panda-Diplomatie' bekannt.

Ein Pandajunges übt klettern.

Ein Roter Panda.

Pandas können bei der Vermeidung der globalen Erwärmung helfen! Wissenschaftler erforschen, wie man Mikroben in Pandakot verwenden kann, um Biokraftstoffe herzustellen, die viel sicherer für unsere Umwelt sind.

...

Die Heiligtümer des Großen Pandas in Sichuan, die aus sieben Naturreservaten und neun malerischen Parks bestehen, beherbergen ca. 30 % der Panda-Bevölkerung auf der Erde. Für die Pandazucht in Gefangenschaft ist es das wichtigste Gebiet der Welt.

...

Im Jahr 2008 erschütterte ein großes Erdbeben die Region der Heiligtümer des Großen Pandas in Sichuan. Leider wurde ein Panda getötet. Einer entkam und wird noch immer vermisst.

Während die meisten Säugetiere saisonal Haaren, besitzen Pandas nicht genug Energie, um dies zu tun. Stattdessen machen sie einen kontinuierlichen Haarwechsel durch, was weniger Energie verbraucht. Aus diesem Grund haben Pandas oft ein fleckiges Fell.

...

Warum markieren Pandas ihr Territorium? Der Urin eines Pandas kann einem anderen Panda sagen, ob er zur Fortpflanzung bereit ist, ob er männlich oder weiblich ist und wie lange er schon dort war.

...

Pandas können seltsame Geräusche machen. Wenn sie verliebt sind und versuchen, ihre Partner zu umwerben, machen Männchen ein 'baa' Geräusch wie ein Schaf. Das Weibchen antwortet darauf mit einem trillernden Geräusch.

Wenn du eine Panda-Mutter wie ein Vogel zwitschern hörst, ist sie vielleicht besorgt, dass ihre Babys in Gefahr sind.

• • •

Obwohl erwachsene Pandas dafür berühmt sind, faul zu sein, sind Welpen sehr verspielt und lieben es, herumzurennen und sich zu wälzen.

• • •

Im Jahr 2009 kamen die Pandas Wang Wang und Funi in den Zoo in Adelaide, Australien. Sie sind die einzigen Pandas, die in der südlichen Hemisphäre leben.

• • •

Pandas werden oft als 'lebende Fossilien' beschrieben, weil sie schon vor über 3 Millionen Jahren in fast der gleichen Form existierten.

Viele chinesische Philosophen glauben, dass Pandas aufgrund ihres schwarz-weißen Fells das Yin und Yang widerspiegeln. Das perfekte Symbol für Frieden und Harmonie.

•••

Rote Pandas und Riesenpandas haben die gleiche Ernährung: Beide lieben Bambus.

•••

Man kann Pandas oft herumrollen sehen. Niemand weiß genau, warum sie das tun. Vielleicht ist es einfach nur Spaß für sie? Andere sagen, dass sie so Zweige und Schmutz aus ihrem Fell entfernen.

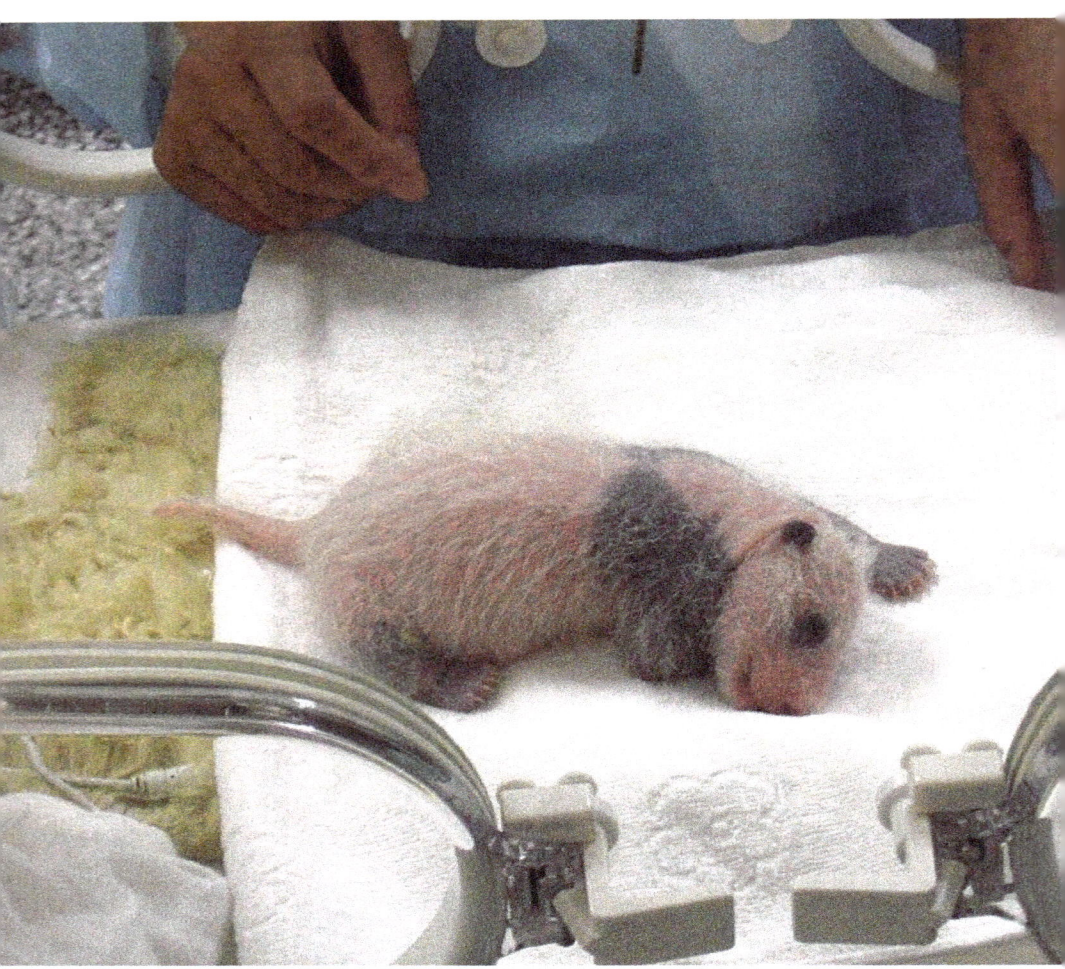

Ein eine Woche altes Pandababy in Chengdu's Riesenanda Aufzuchts Basis. *Credit: Colegota*

Rote Pandas können bis zu vier Junge zur Welt bringen. Sie sind schwarz, blind und taub, wenn sie geboren werden.

• • •

Pandas haben in vielen Fernsehshows und Filmen mitgewirkt. Die animierten Kung Fu Panda-Filme sind besonders lustig anzusehen!

• • •

Lass uns mit einem Witz enden! Warum mögen Pandas alte Filme? Weil sie in schwarz-weiß sind!

Panda Quiz

Teste jetzt dein Wissen in unserem Panda-Quiz! Die Antworten findest du auf der Seite 69.

1. Wie lautet der wissenschaftliche Name für den Großen Panda?

2. In welchem Land kann man wilde Pandas finden?

3. Pandas halten Winterschlaf. Wahr oder falsch?

4. Welche anderen Farben können die Großen Pandas haben?

5. Wie oft am Tag produzieren Pandas Mist?

6. Leben Pandas lieber in Gruppen oder alleine?

7. Zu welcher Tierfamilie gehört der Rote Panda?

8. Wie lautet der Name des Pandas im WWF-Logo?

9. Wie lange bleiben Pandabärenjunge bei ihren Müttern, bevor sie alleine losziehen?

10. Wie viele Jungen haben Riesenpandas normalerweise?

11. Welche Farbe haben die Jungen des Großen Pandas, wenn sie geboren werden?

12. Ab welchem Alter können Panda-Welpen anfangen, auf Bäume zu klettern?

13. Was besitzen Pandas, das ihnen dabei hilft, besser nach Bambus zu greifen?

14. Wie viele Zähne haben Pandas?

15. Pandas haben ziemlich lange Schwänze. Aber welcher "Bär" hat einen noch längeren Schwanz?

16. Pandas essen auch Fleisch, Fisch und Gemüse. Wahr oder falsch?

17. Wie viele Stunden am Tag verbringen Pandas mit Essen?

18. Wie viele Bambusarten gibt es?

19. Rote Pandas und Riesenpandas lieben Bambus. Wahr oder falsch?

DAS ULTIMATIVE PANDA BUCH FÜR KINDER

Antworten:

1. Ailuropoda melanoleuca.
2. China.
3. Falsch.
4. Qinling-Pandas sind braun und weiß.
5. Etwa 40 Mal am Tag.
6. Sie ziehen es vor, allein zu leben.
7. Die Waschbär-Familie.
8. Chi Chi.
9. 18 Monate.
10. Einen. Zwillinge sind selten.
11. Rosa.
12. Sieben Monate.
13. Ein zusätzlicher Daumen oder ein verlängerter Handgelenksknochen.
14. 42.
15. Das Faultier.
16. Wahr.
17. Bis zu 14 Stunden.
18. Über 1.000.
19. Wahr.

PANDAS: WORT SUCHE PUZZLE

A	G	E	F	Ä	H	R	D	E	T	F	N
N	B	F	S	U	J	O	F	D	S	F	A
B	V	V	U	L	N	T	R	A	B	L	E
P	B	T	R	E	Q	E	V	J	G	A	S
T	A	Q	F	Q	P	R	Q	E	W	U	F
G	M	N	S	Q	Z	P	M	N	F	S	C
W	B	L	D	P	I	A	D	A	S	C	H
K	U	G	S	A	B	N	L	N	D	H	E
G	S	W	T	P	I	D	L	U	F	I	N
D	C	C	H	I	N	A	U	I	N	G	G
S	F	D	A	J	L	G	Y	D	N	O	D
Ä	C	H	I	C	H	I	F	W	H	G	U

Kannst du alle Wörter in dem Wortsuche Puzzle links finden?

PANDA	QINLING	GEFÄHRDET
BAMBUS	CHI CHI	FLAUSCHIG
CHINA	ROTER PANDA	CHENGDU

Quellen

"13 Interesting Facts About Giant Pandas Every Panda Lovers Want To Know". 2020. *Chinahighlights.* https://www.chinahighlights.com/giant-panda/interesting-facts.htm.

"10 Facts About Pandas! | National Geographic Kids". 2016. *National Geographic Kids.* https://www.natgeokids.com/au/discover/animals/general-animals/ten-panda-facts/.

"The Giant Panda" by *David Taylor*

"Panda Facts | Pandas International". 2020. *Pandasinternational.Org.* https://www.pandasinternational.org/education-2/panda-facts/.

Zhang, G., Swaisgood, R. R. and Zhang, H. (2004), *Evaluation of behavioral factors influencing reproductive success and failure in captive giant pandas. Zoo Biol., 23: 15–31*

Allen, Kathy. *Giant Pandas in a Shrinking Forest: A Cause and Effect Investigation. Mankato, MN: Capstone Press, 2011.*

Gannon, Megan. "Why Pandas Do Handstands When They Pee." *Business Insider.* August 28, 2012. Accessed: May 10, 2019.

Penny, Malcolm. Natural World: Giant Panda. Austin, TX: *Raintree Steck-Vaugn, 2000.*

"Top 10 Facts About Pandas". 2020. WWF. https://www.wwf.org.uk/learn/fascinating-facts/pandas.
Warren, Lynne (July 2006).

"Pandas, Inc". *National Geographic.* Retrieved 10 April 2020.

"Panda tests bring population hope". *BBC.* 20 June 2006. Retrieved 28 August 2020.

Dolberg, Frands (1 August 1992). *"Progress in the utilization of urea-ammonia treated crop residues: biological and socio-economic aspects of animal production and application of the technology on small farms".* University of Arhus. Retrieved 10 August 2020.

"Giant Panda". *Encyclopædia Britannica Online. 2010.* Retrieved 9 August 2020.

"Rare panda triplets born in China". *cbc.ca. 12 August 2014.*

"Giant Panda Vs. Red Panda". 2020. *Softschools.*Com. https://www.softschools.com/difference/giant_panda_vs_red_panda

@bethpylieberman, Follow. 2019. "14 Fun Facts About Giant Pandas". *Smithsonian Magazine.* https://www.smithsonianmag.com/smithsonian-institution/14-fun-facts-about-giant-pandas-180972879/.

DAS ULTIMATIVE PANDA BUCH FÜR KINDER

Wir hoffen, du hast ein paar tolle Fakten über Pandas gelernt!

AUCH VON JENNY KELLETT

... und mehr!

www.ingramcontent.com/pod-product-compliance
Lightning Source LLC
LaVergne TN
LVHW050142080526
838202LV00062B/6558

Erfahre mehr über dein Lieblingstier in
Das Ultimative Panda Buch für Kinder!

Mit mehr als 100 Fakten, einem unterhaltsamen Quiz
und illustriert mit atemberaubenden, hochauflösenden
Bildern, ist das neueste Sachbuch der australischen
Sachbuchautorin Jenny Kellett jetzt
ins Deutsche übersetzt.

Die perfekte Ergänzung für jede
Mini-Panda-Liebhaber-Buchsammlung.

ISBN 978-619-7695-20-5

IslamHouse.com

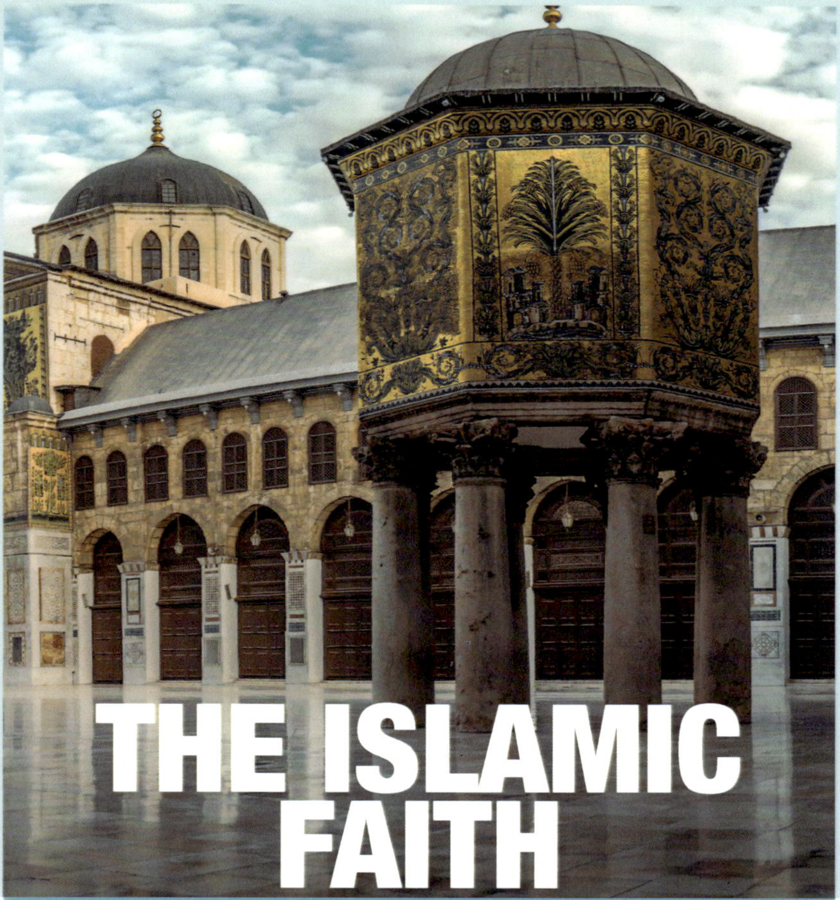

THE ISLAMIC FAITH

Abdulaziz Al-Tarifi

Translated and edited by
Adil Salahi

Einglish
إنجليزي